나를 키우는 말

국립중앙도서관 출판예정도서목록(CIP)

나를 키우는 말 / 지은이: 이해인. -- 양평군 : 시인생각, 2015
   p. ;   cm. -- (한국대표 명시선 100)

ISBN 978-89-98047-21-4 03810 : ₩6000

한국 현대 문학[韓國現代文學]
한국 현대시[韓國現代詩]

811.62-KDC6
895.714-DDC23   CIP2015004273

한국대표
명시선
100

이해인

나를 키우는 말

시인생각

■ 시인의 말

위로천사가 되어 준 나의 시

 '앉은뱅이 몸으로는 갈 길이 멀어/ 하얗게 머리 풀고 솜털 날리면/ 춤추는 나비들도 길 비켜 가네// 꽃씨만한 행복을 이마에 얹고/ 바람한테 준 마음 후회 없어라' 시 「민들레」에서.
 나에게 있어 시는 삶에 대한 감사와 그리움을 기도로 피워낸 꽃이 아닐까 생각해 보곤 합니다.
 나에게 문학은 초등학교에 입학하기도 전에 가족들이 소리 내어 읊어주는 낭송의 아름다움으로 다가왔습니다. 중학교에 들어가 문예반 활동을 하면서 조금씩 습작을 하기 시작하였고 더러는 백일장에서 상을 받기도 하였습니다. 밤낮으로 책을 끼고 살던 책벌레 소녀는 좋은 글귀들을 베끼거나 잡지에서 오려 문집을 만드는 것이 취미였습니다. 김소월 윤동주 한용운의 시나 타고르의 기도시를 읽을 무렵 13년 연상의 언니가 수녀원에 갔고, 「기탄잘리」에 나오는 '갈대피리'가 되고 싶은 갈망을 막연히 품던 중에 실제로 수도의 길로 들어서게 되었습니다. 스스로 '민들레의 영토'로 부르는 부산 광안리 바닷가 수녀원에서 생활한 지도 이제는 어느덧 반세기가 되어갑니다. 사람들이 '수녀시인' 또는 '시인수녀'로 불러주는 호칭이 이젠 조금도 낯설지 않습니다.
 비록 세상에서 물러선 담 안의 좁은 세계에서 살고 있지만 먼 데까지 사랑의 솜털을 날리는 넓은 마음으로, 이웃의 아픔을 대신 울어주고 대신 노래해 주는 푸른 파도로 나는 시와 함께 달려가고자 했습니다.

'울고 싶어도/ 못 우는 너를 위해/ 내가 대신 울어 줄게/ 마음 놓고 울어 줄게// 오랜 나날/ 네가 그토록/ 사랑하고 사랑받은/ 모든 기억들// 푸르게 푸르게/ 내가 대신 노래해 줄게// 일상이 메마르고/ 무디어질 땐/ 새로움의 포말로/무작정 달려올게' 시 「파도의 말」 전문.

이 시집 안에도 자주 등장하지만 꽃, 새, 별, 나무, 바다, 어머니, 친구, 이별 등등 자연과 일상의 희로애락을 표현한 작은 노래들이 수십 년간 분에 넘치는 독자의 사랑을 받았고 투병 중에 쓴 아픈 노래들은 더욱 그러합니다. 시를 통해 참으로 많은 벗들을 만났고 그만큼 내가 해야 할 사랑의 심부름도 많아졌으며 인생관과 마음의 폭도 조금씩 넓어지는 것을 경험합니다.

어느 날 문득 암이라는 고통이 찾아와 당혹스러웠으나 아픔 중에도 시를 쓰고 읽을 수 있어 감사했습니다. 요즘 쓴 글에는 유난히 이별과 죽음에 대한 단어들이 자주 등장하는 것을 새롭게 발견합니다,

죽어서 어떤 사람으로 기억되기를 바라느냐고 누가 물으면 '그녀의 삶은 하나의 기도이고 러브레터였다' '삶 자체가 한 편의 시와 같았다'고 말할 수 있으면 좋겠다고 대답한 일이 있습니다.
 "나는 나의 가슴속에 수백 년을 기다릴 참을성을 갖고 나의 짧은 시간을 영원한 듯이 살겠습니다. 산만함에서 정신을 집중하겠으며 성급한 응용을 버리고 내 것을 다시 불러올 것이며 그것들을 비축하겠습니다. …사물들이 내게 말을 건네옵니다. 인간들에게서도 많은 것을 경험합니다. 나는 이 모든 것을 조용히, 보다 큰 정직성을 갖고 관조하고 있습니다. 그러나 나는 아직도 수련이 모자랍니다."라고 고백하는 라이너 마리아 릴케의 「젊은 시인에게 보내는 편지」를 읽으며 나도 이제는 종이에 보다는 일상의 삶 속에 시를 쓰고 마침내는 '아까운 말도 용기 있게 버려서 더욱 빛나는' 한 편의 시로 익어가는 '수녀시인'이 되고자 매일 새롭게 옷깃을 여밉니다.
 세상의 많은 시인들이 빚어낸 아름다운 시들을 찾아서 읽으면 읽을수록 삶에 위로가 되고, 그 다양한 맛과 향에 매료되고 그래서 나는 늘 행복합니다.

그러나 내가 쓴 시들을 다시 읽어보면 맛과 향이 덜 해서 부끄러움 투성이지만 이제는 그 부끄러움마저 겸허히 받아들이기로 했습니다. 못나도 사랑스럽게 볼 수 있는 엄마의 마음이 생긴 것 같습니다.

1976년 발간한 첫 시집 『민들레의 영토』 이후 지난 30여 년 동안 내 대신 여기저기 날아다니며 힘들고 지친 이들에게 작은 위로천사, 희망천사가 되어준 나의 시들에게 "고마워"라고 인사하고 싶습니다. 또한 수도원의 규칙적인 일정 안에서도 늘 시를 빚도록 배려해 준 수도공동체에도 감사한 마음 가득합니다.

이 시집 안에 선별된 작품들은 이미 발표한 나의 시들 중 저자로서 좀 더 정겹게 여겨지는 것, 독자들의 사랑을 비교적 많이 받은 것들을 나름대로 골라 본 것입니다. 아무리 생각해도 그저 부족하다고 밖엔 말할 수 없는 나의 시들을 추려서 이렇듯 정성껏 고운 선집으로 꾸며주신 ≪시인생각≫에 깊이 감사드립니다.

2013년 봄을 기다리며

이 해 인 수녀

■ **차 례** ─────────────── 나를 키우는 말

시인의 말

1

행복한 풍경　15

어머니의 손　16

살아있는 날은　17

우리 집　18

민들레의 영토　20

해바라기 연가　22

다리　24

나비의 연가　26

오늘의 얼굴　28

나팔꽃　30

우산이 되어　31

가을 노래　32

한국대표명시선100 이 해 인

2

나를 키우는 말   35
진달래   36
석류꽃   38
작은 노래   39
그네뛰기   40
단추를 달 듯   42
바람의 시   44
사랑도 나무처럼   46
꽃밭에 서면   48
빈 꽃병의 말 1   50
유월 숲에는   52
빈 꽃병의 말 2   54

3

안개꽃　57

제비꽃 연가　58

겨울 아가 2　60

새해 아침에　62

풀꽃의 노래　64

해질 무렵 어느 날　66

파도의 말　67

쌀 노래　68

수평선을 바라보며　70

병상 일기 1　72

기쁨이란　74

새　76

익어가는 가을　79
어머니의 섬　80
장독대에서　82
가까운 행복　84
눈물의 힘　85
송년 엽서　86
어떤 결심　88
신발의 이름　89
산을 보며　90
잎사귀 명상　91
선인장　92
10월 엽서　94

5
달밤　97
찔레꽃　98
엉겅퀴의 기도　100
어떤 보물　102
해 질 무렵　104
꿈 일기　106
골목길에서　108
꽃시간에게　110
아픈 날의 일기　112
이별 연습　114
편지 —떠난 이에게　116
시간의 말　118

이해인 연보　120

1

행복한 풍경

새들도
창밖에서 기도하는
수도원의 아침

90대의 노老수녀 둘이
나란히 앉아
기도서를 펴놓은 채
깊이 졸고 있네
하느님도 그 곁에서
함께 꿈을 꾸시네

바람이 얼른 와서
기도문을
대신 읽어주는
천국의 아침

어머니의 손

늦가을 갈잎 타는 내음의
마른 손바닥

어머니의 손으로
강이 흐르네

단풍잎 떠내리는
내 어릴 적 황홀한 꿈

어머니를 못 닮은 나의 세월
연민으로 쓰다듬는 따스한 손길

어머니의 손은 어머니의 이력서
읽을수록 길어지네

오래된 기도서의
낡은 책장처럼 고단한 손

시들지 않는 국화 향기 밴
어머니의 여윈 손

살아있는 날은

마른 향내 나는
갈색 연필을 깎아
글을 쓰겠습니다

사각사각 소리 나는
연하고 부드러운 연필 글씨를
몇 번이고 지우며
다시 쓰는 나의 하루

예리한 칼끝으로 몸을 깎이어도
단정하고 꼿꼿한 한 자루의 연필처럼
정직하게 살고 싶습니다

나는 당신의 살아있는 연필
어둠 속에서도 빛나는 말로
당신이 원하시는 글을 쓰겠습니다

정결한 몸짓으로 일어나는 향내처럼
당신을 위하여
소멸하겠습니다

우리 집

우리 집이라는 말에선
따뜻한 불빛이 새어 나온다
"우리 집에 놀러 오세요!"라는 말은
음악처럼 즐겁다

멀리 밖에 나와
우리 집을 바라보면
잠시 낯설다가
오래 그리운 마음

가족들과 함께한 웃음과 눈물
서로 못마땅해서 언성을 높이던
부끄러운 순간까지 그리워
눈물 글썽이는 마음
그래서 집은 고향이 되나 보다

헤어지고 싶다가도
헤어지고 나면
금방 보고 싶은 사람들
주고받은 상처를

서로 다시 위로하며
그래, 그래 고개 끄덕이다
따뜻한 눈길로 하나 되는 사람들

이런 사람들이
언제라도 문을 열어 반기는
우리 집 우리 집

우리 집이라는 말에선
늘 장작 타는 냄새가 난다
고마움 가득한
송진 향기가 난다

민들레의 영토

기도는 나의 음악
가슴 한복판에 꽂아 놓은
사랑은 단 하나의
성스러운 깃발

태초부터 나의 영토는
좁은 길이었다 해도
고독의 진주를 캐며
내가
꽃으로 피어나야 할 땅

애처로이 쳐다보는
인정의 고움도
나는 싫어

바람이 스쳐가며
노래를 하면
푸른 하늘에게
피리를 불었지

태양에 쫓기어
활활 타다 남은 저녁노을에
저렇게 긴 강이 흐른다

노오란 내 가슴이
하얗게 여위기 전
그이는 오실까

당신의 맑은 눈물
내 땅에 떨어지면
바람에 날려 보낼
기쁨의 꽃씨

흐려오는
세월의 눈시울에
원색의 아픔을 씹는
내 조용한 숨소리

보고 싶은 얼굴이여

해바라기 연가

내 생애가 한 번뿐이듯
나의 사랑도
하나입니다

나의 임금이여
폭포처럼 쏟아져 오는 그리움에
목메어
죽을 것만 같은 열병을 앓습니다

당신 아닌 누구도
치유할 수 없는
내 불치의 병은
사랑

이 가슴 안에서
올올이 뽑은 고운 실로
당신의 비단옷을 짜겠습니다

빛나는 얼굴 눈부시어
고개 숙이면

속으로 타서 이는 까만 꽃씨
당신께 바치는 나의 언어들

이미 하나인 우리가
더욱 하나가 될 날을
확인하고 싶습니다

나의 임금이여
드릴 것은 상처뿐이어도
어둠에 숨지지 않고
섬겨 살기 원이옵니다

다리

이미 건너간 사람은
건너지 못한 이의 슬픔쯤
이내 잊어버리겠지

어차피 건너야 할 것이기
저마다 바쁜 걸음
뛰고 있는 것일까

살아가자면 언제이고
차례가 온다

따뜻한 염원의 강은
넌지시 일러주었네

어둔 밤 길게 누워
별을 헤다가

문득 생각난 듯
먼 강기슭의 나를 향해
큰기침하는 다리

고단했던 하루를 펴서
다림질한다

보채는 순례객을 잠재우는
꿈의 다리 저편엔

나를 기다리는
너의
깊은 그림자가 누워 있다

나비의 연가

가르쳐 주시지 않아도
처음부터 알았습니다
나는 당신을 향해 날으는
한 마리 순한 나비인 것을

가볍게 춤추는 나에게도
슬픔의 노란 가루가
남몰래 묻어 있음을 알았습니다

눈멀 듯 부신 햇살에
차라리 날개를 접고 싶은
황홀한 은총으로 살아온 나날

빛나는 하늘이
훨훨 날으는
나의 것임을 알았습니다

행복은 가난한 마음임을 가르치는
풀잎들의 합창

수없는 들꽃에게 웃음 가르치며
나는 조용히 타버릴
당신의 나비입니다

부디 꿈꾸며 살게 해 주십시오
버려진 꽃들을 잊지 않게 하십시오

들릴 듯 말 듯한 나의 숨결은
당신께 바쳐지는
무언의 기도

당신을 향한
맨 처음의 사랑
불망不忘의 나비입니다, 나는

오늘의 얼굴

내가 돌보지 못해
묘비처럼 잊혀진
너의 얼굴

미안하다 악수 나눌 때
나는 떳떳하고
햇살은 눈부시다

슬픔에 수척해진
숱한 기억들을 지워 보내며
내일 향해 그네 뛰는
오늘의 행복

문을 열어라

나는 너를 위해
한 점 바람에도
흔들리는 풀잎

새 옷을 차려입고
떠날 채비를 하는
나의 오늘이여

착한 누이의 사랑으로
너를 보듬으면
올올이 쏟아지는 빛의 향기

어김없는 약속의
내일로 가라

나팔꽃

햇살에 눈 뜨는 나팔꽃처럼
나의 생애는
당신을 향해 열린
아침입니다

신선한 뜨락에 피워 올린
한 송이 소망 끝에
내 안에서 종을 치는
하나의 큰 이름은
언제나 당신입니다

순명보다 원망을 드린
부끄러운 세월 앞에
해를 안고 익은 사랑

때가 되면
추억도 버리고 떠날
나는 한 송이 나팔꽃입니다

우산이 되어

우산도 받지 않은
쓸쓸한 사랑이
문밖에 울고 있다

누구의 설움이
비 되어 오나
피해도 젖어오는
무수한 빗방울

땅 위에 떨어지는
구름의 선물로 죄를 씻고 싶은
비 오는 날은 젖은 사랑

수많은 나의 너와
젖은 손 악수하며
이 세상 큰 거리를
한없이 쏘다니리

우산을 펴주고 싶어
누구에게나
우산이 되리
모두를 위해

가을 노래

가을엔 물이 되고 싶어요
소리를 내면 비어 오는
사랑한다는 말을
흐르며 속삭이는 물이 되고 싶어요

가을엔 바람이고 싶어요
서걱이는 풀잎의 이마를 쓰다듬다
깔깔대는 꽃 웃음에 취해도 보는
연한 바람으로 살고 싶어요

가을엔 풀벌레이고 싶어요
별빛을 등에 업고
푸른 목청 뽑아 노래하는
숨은 풀벌레로 살고 싶어요

가을엔 감이 되고 싶어요
가지 끝에 매달린 그리움 익혀
당신의 것으로 바쳐 드리는
불을 먹은 감이 되고 싶어요

2

나를 키우는 말

행복하다고 말하는 동안은
나도 정말 행복해서
마음에 맑은 샘이 흐르고

고맙다고 말하는 동안은
고마운 마음 새로이 솟아올라
내 마음도 더욱 순해지고

아름답다고 말하는 동안은
나도 잠시 아름다운 사람이 되어
마음 한 자락이 환해지고

좋은 말이 나를 키우는 걸
나는 말하면서
다시 알지

진달래

해마다 부활하는
사랑의 진한 빛깔 진달래여

네 가느단 꽃술이 바람에 떠는 날
상처 입은 나비의 눈매를 본 적이 있니
견딜 길 없는 그리움의 끝을 너는 보았니

봄마다 앓아눕는
우리들의 지병持病은 사랑

아무것도 보이지 않는다
아무것도 잡히지 않는다

한 점 흰 구름 스쳐가는 나의 창가에
왜 사랑의 빛은 이토록 선연한가

모질게 먹은 마음도
해 아래 부서지는 꽃가루인데

불이 피 되어 흐르는가
오늘도 다시 피는
눈물의 진한 빛깔 진달래여

석류꽃

지울 수 없는
사랑의 화인火印
가슴에 찍혀

오늘도
달아오른
붉은 석류꽃

황홀하여라
끌 수 없는
사랑

초록의 잎새마다
불을 붙이며
꽃으로 타고 있네

작은 노래

하나의 태양이
이 넓은 세상을
골고루 비춘다는 사실을
처음인 듯 발견한
어느 날 아침의 기쁨

꽃의 죽음으로 키워 낸
한 알의 사과를
고마운 마음도 없이
무심히 먹어 버린
조그만 슬픔

사랑하는 이가 앓고 있어도
그 대신 아파 줄 수 없고
그저 눈물로 바라보기만 하는
막막함

이러한 것들을 통해서
우리는 매일 삶을 배웁니다
그리고 조금씩
기도하기 시작합니다

그네뛰기

사랑은
그네뛰기

당신과 함께
바람을 타고

멀리멀리 나아가는
이승의 줄기찬 몸짓

걷지 않고 뛰어도
사랑은 늘
모자라는 시간

더 높이
날고 싶어라

출렁이는 그리움
발을 구르면

가슴에 문이 오는
아픈 하늘 빛깔

당신

단추를 달 듯

떨어진 단추를
제자리에 달고 있는
나의 손등 위에
배시시 웃고 있는 고운 햇살

오늘이라는 새 옷 위에
나는 어떤 모양의 단추를 달까

산다는 일은
끊임없이 새 옷을 갈아입어도
떨어진 단추를 제자리에 달듯
평범한 일들의 연속이지

탄탄한 실을 바늘에 꿰어
하나의 단추를 달듯
제자리를 찾으며 살아야겠네

보는 이 없어도
함부로 살아버릴 수 없는
나의 삶을 확인하며

단추를 다는 이 시간

그리 낯설던 행복이
가까이 웃고 있네

바람의 시

바람이 부네
내 혼에
불을 놓으며 부네

영원을 약속하던
그대의 푸른 목소리도
바람으로 감겨 오네

바다 안에 탄생한
내 이름을 부르며
내 목에 감기는 바람

이승의 빛과 어둠 사이를
오늘도
바람이 부네

당신을 몰랐더면
너무 막막해서
내가 떠났을 세상

이 마음에
적막한 불을 붙이며
바람이 부네

그대가 바람이어서
나도
바람이 되는 기쁨

꿈을 꾸네 바람으로
길을 가네 바람으로

사랑도 나무처럼

사랑도 나무처럼
사계절을 타는 것일까

물오른 설레임이
연둣빛 새싹으로
가슴에 돋아나는
희망의 봄이 있고

태양을 머리에 인 잎새들이
마음껏 쏟아내는 언어들로
누구나 초록의 시인이 되는
눈부신 여름이 있고

열매 하나 얻기 위해
모두를 버리는 아픔으로
눈물겹게 아름다운
충만의 가을이 있고

눈 속에 빚을 묻고
홀로 서서 침묵하며 기다리는
인고忍苦의 겨울이 있네

사랑도 나무처럼
그런 것일까

다른 이에겐 들키고 싶지 않은
그리움의 무게를
바람에 실어 보내며
오늘도 태연한 척 눈을 감는
나무여 사랑이여

꽃밭에 서면

꽃밭에 서면 큰소리로 꽈리를 불고 싶다
피리를 불듯이
순결한 마음으로

꽈리 속의 자디잔 씨알처럼
내 가슴에 가득 찬 근심 걱정
후련히 쏟아 내며
꽈리를 불고 싶다

아무도 미워하지 않는 동그란 마음으로
꽃밭에 서면

저녁노을 바라보며
지는 꽃의 아름다움에
흠뻑 취하고 싶다

남의 잘못을
진심으로 용서하고
나의 잘못을
진심으로 용서받고 싶다

꽃들의 죄 없는 웃음소리
붉게 타오르는
꽃밭에 서면

빈 꽃병의 말 1

꽃이여
어서 와서
한 송이의 사랑으로
머물러 다오

비어 있으므로
종일토록 너를 그리워할 수 있고
비어 있으므로
너를 안아 볼 수 있는 기쁨에
목이 쉬도록
노래를 부르고 싶은 나

닦을수록 더 빛나는
고독의 단추를 흰옷에 달며
지금은 창밖의
바람 소릴 듣고 있다

너를 만나기도 전에
어느새 떠나보낼 준비를 하는
오늘의 나에게

꽃이여
어서 와서
한 송이의 이별로 꽂혀 다오

유월 숲에는

초록의 희망을 이고
숲으로 들어가면

뻐꾹새
새 모습은 아니 보이고
노래 먼저 들려오네

아카시아꽃
꽃 모습은 아니 보이고
향기 먼저 날아오네

나의 사랑도 그렇게
모습은 아니 보이고

늘
먼저 와서
나를 기다리네

눈부신 초록의
노래처럼
향기처럼

나도
새로이 태어나네

유월의 숲에 서면
더 멀리 나를 보내기 위해
더 가까이 나를 부르는 당신

빈 꽃병의 말 2

꽃들을 다 보낸 뒤
그늘진 한 모퉁이에서
말을 잃었다

꽃과 더불어 화려했던
어제의 기억을 가라앉히며
기도의 진주 한 알
입에 물고 섰다
하얀 맨발로 섰다

아무도 오지 않는 텅 빈 가슴에
고독으로 불을 켜는
나의 의지

누구에게도 문 닫는 일 없이
기다림에 눈 뜨고 산다
희망의 잎새 하나
끝내 피워 물고 싶다

3

안개꽃

혼자서는
웃는 것도 부끄러운
한 점 안개꽃

한데 어우러져야
비로소 빛이 되고
소리가 되는가

장미나 카네이션을
조용히 받쳐 주는
기쁨의 별 무더기

남을 위하여
자신의 목마름은
숨길 줄도 아는
하얀 겸손이여

제비꽃 연가

나를 받아 주십시오

헤프지 않은 나의 웃음
아껴 둔 나의 향기
모두 당신의 것입니다

당신이 가까이 오셔야
나는 겨우 고개를 들어 웃을 수 있고
감추어진 향기도 향기인 것을 압니다

당신이 가까이 오셔야
내 작은 가슴속엔
하늘이 출렁일 수 있고
내가 앉은 이 세상은
아름다운 집이 됩니다

담담한 세월을 뜨겁게 안고 사는 나는
가장 작은 꽃이지만
가장 큰 기쁨을 키워 드리는
사랑꽃이 되겠습니다

당신의 삶을 온통 봄빛으로 채우기 위해
어둠 밑으로 뿌리내린 나
비 오는 날에도 노래를 멈추지 않는
작은 시인이 되겠습니다

나를 받아 주십시오

겨울 아가 2

하얀 배춧속같이
깨끗한 내음의 12월에
우리는 월동 준비를 해요

단 한 마디의 진실을 말하기 위해
헛말을 많이 했던
우리의 지난날을 잊어버려요

때로는 마늘이 되고
때로는 파가 되고
때로는 생강이 되는
사랑의 양념

부서지지 않고는
아무도 사랑할 수 없음을
다시 기억해요

함께 있을 날도
얼마 남지 않은 우리들의 시간

땅속에 묻힌 김장독처럼
자신을 통째로 묻고 서서
하늘을 보아야 해요
얼마쯤의 고독한 거리는
항상 지켜야 해요

한겨울 추위 속에
제맛이 드는 김치처럼
우리의 사랑도 제맛이 들게
참고 기다리는 법을 배워야 해요

새해 아침에

창문을 열고
밤새 내린 흰 눈을 바라볼 때의
그 순결한 설레임으로
사랑아,
새해 아침에도
나는 제일 먼저
네가 보고 싶다
늘 함께 있으면서도
새로이 샘솟는 그리움으로
네가 보고 싶다
새해에도 너와 함께
긴 여행을 떠나고
가장 정직한 시를 쓰고
가장 뜨거운 기도를 바치겠다

내가 어둠이어도
빛으로 오는 사랑아,
말은 필요 없어
내 손목을 잡고 가는 눈부신 사랑아,
겨울에도 돋아나는

내 가슴 속 푸른 잔디 위에
노란 민들레 한 송이로
네가 앉아 웃고 있다

날마다 나의 깊은 잠을
꿈으로 깨우는 아름다운 사랑아
세상에 너 없이는
희망도 없다
새해도 없다

내 영혼 나비처럼
네 안에서 접힐 때
나의 새해는 비로소
색동의 설빔을 차려입는다
내 묵은 날들의 슬픔도
새 연두저고리에
자줏빛 끝동을 단다

풀꽃의 노래

나는 늘
떠나면서 살지

굳이
이름을 불러주지 않아도 좋아

바람이 날 데려가는 곳이라면
어디서나 새롭게 태어날 수 있어

하고 싶은 모든 말들
아껴둘 때마다
씨앗으로 영그는 소리를 듣지

너무 작게 숨어 있다고
불완전한 것은 아니야
내게도 고운 이름이 있음을
사람들은 모르지만
서운하지 않아

기다리는 법을

노래하는 법을
오래전부터
바람에게 배웠기에
기쁘게 살 뿐이야

푸름에 물든 삶이기에
잊혀지는 것은
두렵지 않아

나는 늘
떠나면서 살지

해질 무렵 어느 날

꽃 지고 난 뒤
바람 속에 홀로 서서
씨를 키우고
씨를 날리는 꽃나무의 빈집

쓸쓸해도 자유로운
그 고요한 웃음으로
평화로운 빈손으로

나도 모든 이에게
살뜰한 정 나누어주고
그 열매 익기 전에
떠날 수 있을까

만남보다
빨리 오는 이별 앞에
삶은 가끔 눈물겨워도
아름다웠다고 고백하는
해질 무렵 어느 날

애틋하게 물드는
내 가슴의 노을빛 빈집

파도의 말

울고 싶어도
못 우는 너를 위해
내가 대신 울어줄게
마음 놓고 울어줄게

오랜 나날
네가 그토록
사랑하고 사랑받은
모든 기억들
행복했던 순간들

푸르게 푸르게
내가 대신 노래해 줄게

일상이 메마르고
무디어질 땐
새로움의 포말로
무작정 달려올게

쌀 노래

나는 듣고 있네
내 안에 들어와
피가 되고
살이 되고
뼈가 되는
한 톨의 쌀의 노래
그가 춤추는 소리를

쌀의 고운 웃음
가득히 흔들리는
우리의 겸허한 들판은
꿈에서도 잊을 수 없네

하얀 쌀을 씻어
밥을 안치는 엄마의 마음으로
날마다 새롭게
희망을 안쳐야지

적은 양의 쌀이 불어
많은 양의 밥이 되듯
적은 분량의 사랑으로도
나눌수록 넘쳐나는 사랑의 기쁨

갈수록 살기 힘들어도
절망하지 말아야지
밥을 뜸 들이는 기다림으로
모락모락 피어오르는 희망으로
내일의 식탁을 준비해야지

수평선을 바라보며

당신은
늘 하늘과 맞닿아 있는
수평선과 같습니다

내가
다른 일에 몰두하다
잠시 눈을 들면
환히 펼쳐지는 기쁨

가는 곳마다
당신이 계셨지요
눈감아도 보였지요

한결같은 고요함과
깨끗함으로
먼 데서도 나를 감싸주던

그 푸른 선은
나를 살게 하는 힘

목숨 걸고
당신을 사랑하길
정말 잘했습니다

병상 일기 1

아플 땐 누구라도
외로운 섬이 되지

하루 종일 누워 지내면
문득 그리워지는
일상의 바쁜 걸음
무작정 부럽기만 한
이웃의 웃음소리

가벼운 위로의 말은
가벼운 수초처럼 뜰 뿐
마음 깊이 뿌리내리진 못해도
그래도 듣고 싶어지네

남들 보기엔
별것 아닌 아픔이어도
삶보다는 죽음을
더 가까이 느껴보며
혼자 누워 있는 외딴 섬

무너지진 말아야지
아픔이 주는 쓸쓸함을
홀로 견디며 노래할 수 있을 때
나는 처음으로
삶을 껴안는 너그러움과
겸허한 사랑을 배우리

기쁨이란

매인 데 없이 가벼워야만
기쁨이 된다고 생각했다

한 톨의 근심도 없는
잔잔한 평화가
기쁨이라고

석류처럼 곱게
쪼개지는 것이
기쁨이라고
생각하며 살았다

며칠 앓고 난
지금의 나는

삶이 가져오는
무거운 것
슬픈 것
나를 힘겹게 하는
모욕과 오해 가운데서도

기쁨을 발견하여
보석처럼 갈고 닦는 지혜를
순간마다 새롭게 배운다

내가 순해지고 작아져야
기쁨은 빛을 낸다는 것도
다시 배운다

어느 날은
기쁨의 커다란 보석상을
세상에 차려놓고
큰 잔치를 하고 싶어

새

아침마다
나를 깨우는 부지런한 새들

가끔은 편지 대신
이슬 묻은 깃털 한 개
나의 창가에 두고 가는 새들

단순함, 투명함, 간결함으로
나의 삶을 떠받쳐준
고마운 새들

새는 늘 떠날 준비를 하고
나는 늘 남아서
다시 사랑을 시작하고……

4

익어가는 가을

꽃이 진 자리마다
열매가 익어가네

시간이 흐를수록
우리도 익어가네

익어가는 날들은
행복하여라

말이 필요 없는
고요한 기도

가을엔
너도 나도
익어서
사랑이 되네

어머니의 섬

늘 잔걱정이 많아
아직도 뭍에서만 서성이는 나를
섬으로 불러주십시오, 어머니

세월과 함께 깊어가는
내 그리움의 바다에
가장 오랜 섬으로 떠 있는
어머니

서른세 살 꿈속에
달과 선녀를 보시고
세상에 나를 낳아주신
당신의 그 쓸쓸한 기침 소리는
천 리 밖에 있어도
가까이 들립니다

헤어져 사는 동안 쏟아놓지 못했던
우리의 이야기를
바람과 파도가 대신해주는
어머니의 섬에선

외로움도 눈부십니다
안으로 흘린 인내의 눈물이 모여
바위가 된 어머니의 섬
하늘이 잘 보이는 어머니의 섬에서
나는 처음으로 기도를 배우며
높이 날아가는
한 마리 새가 되는 꿈을 꿉니다, 어머니

장독대에서

움직이지 않고서도
노래를 멈추지 않는
우리 집 항아리들

우리와 함께
바다를 내다보고
종소리를 들으며
삶의 시를 쓰는 항아리들

간장을 뜨면서
침묵의 세월이 키워준
겸손을 배우고

고추장을 뜨면서
맵게 깨어 있는 지혜와
기쁨을 배우고

된장을 뜨면서
냄새나는 기다림 속에
살 익은 평화를 배우네

마음이 무겁고
삶이 아프거든
우리 집 장독대로
오실래요?

가까운 행복

산 넘어 산
바다 건너 바다
마음 뒤의 마음
그리고 가장 완전한
꿈속의 어떤 사람

상상 속에 있는 것은
언제나 멀어서
아름답지

그러나 내가
오늘도 가까이
안아야 할 행복은

바로 앞의 산
바로 앞의 바다
바로 앞의 내 마음
바로 앞의 그 사람

놓치지 말자
보내지 말자

눈물의 힘

내가 세상과
영원히 작별하는 꿈을 꾸고
울다가 잠이 깬 아침

눈은 퉁퉁 붓고
몸은 무거운데
눈물이 씻어준
마음과 영혼은
맑고 평화롭고
가볍기만 하네

창밖에서 지저귀던
새들이 나에게
노래로 노래로
말을 거는 아침

미리 생각하는 이별은
오늘의 길을
더 열심히 가게 한다고
눈물은 약하지 않은 힘으로
나를 키운다고……
힘이 있다고

송년 엽서

하늘에서
별똥별 한 개 떨어지듯
나뭇잎에
바람 한 번 스쳐 가듯

빨리 왔던 시간들은
빨리도 떠나가지요?

나이 들수록
시간은 더 빨리 간다고
내게 말했던 벗이여

어서 잊을 것은 잊고
용서할 것은 용서하며
그리운 이들을 만나야겠어요

목숨까지 떨어지기 전
미루지 않고 사랑하는 일
그것만이 중요하다고
내게 말했던 벗이여

눈길은 고요하게
마음은 뜨겁게
아름다운 삶을

오늘이 마지막인 듯이
충실히 살다 보면

첫새벽의 기쁨이
새해에도 항상
우리 길을 밝혀주겠지요?

어떤 결심

마음이 많이 아플 때
꼭 하루씩만 살기로 했다
몸이 많이 아플 때
꼭 한순간씩만 살기로 했다
고마운 것만 기억하고
사랑한 일만 떠올리며
어떤 경우에도
남의 탓을 안 하기로 했다
고요히 나 자신만
들여다보기로 했다
내게 주어진 하루만이
전 생애라고 생각하니
저만치서 행복이
웃으며 걸어왔다

신발의 이름

내가 신고 다니는 신발의 다른 이름은
그리움 1호다

나의 은밀한 슬픔과 기쁨과 부끄러움을
모두 알아버린 신발을
꿈속에서도 찾아 헤매다 보면
반가운 한숨 소리가 들린다
나를 부르는 기침 소리가 들린다

신발을 신는 것은
삶을 신는 것이겠지

나보다 먼저 저세상으로 건너간 내 친구는
얼마나 신발이 신고 싶을까

살아서 다시 신는 나의 신발은
오늘도 희망을 재촉한다

산을 보며

늘 그렇게
고요하고 든든한
푸른 힘으로 나를 지켜주십시오

기쁠 때나 슬플 때
나의 삶이 메마르고
참을성이 부족할 때
오해받은 일이 억울하여
누구를 용서할 수 없을 때

나는 창을 열고
당신에게 도움을 청합니다

이름만 불러도 희망이 되고
바라만 보아도 위로가 되는 산
그 푸른 침묵 속에
기도로 열리는 오늘입니다

다시 사랑할 힘을 주십시오

잎사귀 명상

꽃이 지고 나면
비로소 잎사귀가 보인다
잎 가장자리 모양도
잎맥의 모양도
꽃보다 아름다운
시가 되어 살아온다

둥글게, 길쭉하게
뾰족하게, 넓적하게

내가 사귄 사람들의
서로 다른 얼굴이
나무 위에서 웃고 있다

마주나기 잎
어긋나기 잎
돌려나기 잎
무리지어나기 잎

내가 사랑한 사람들의
서로 다른 운명이
삶의 나무 위에 무성하다

선인장

사막에서도
나를
살게 하셨습니다

쓰디쓴 목마름도
필요한 양식으로
주셨습니다

내 푸른 살을
고통의 가시들로
축복하신 당신

피 묻은
인고의 세월
견딜힘도 주셨습니다

그리하여
살아 있는
그 어느 날

가장 긴 가시 끝에
가장 화려한 꽃 한 송이
피워 물게 하셨습니다

10월 엽서

사랑한다는 말 대신
잘 익은 석류를 쪼개 드릴게요
좋아한다는 말 대신
탄탄한 단감 하나 드리고
기도한다는 말 대신
탱자의 향기를 드릴게요
푸른 하늘이 담겨서
더욱 투명해진 내 마음
붉은 단풍에 물들어
더욱 따뜻해진 내 마음
우표 없이 부칠 테니
알아서 가져가실래요
서먹했던 이들끼리도
정다운 벗이 될 것만 같은
눈부시게 고운 10월 어느 날

5

달밤

이토록
고요한 빛
출렁이는 밤

나는 둥근 달로 떠서
누구에게
사랑한다 말할까
누구에게
용서한다 말할까

떠났다가
다시 오는
바람과 함께

찔레꽃

아프다 아프다 하고
아무리 외쳐도

괜찮다 괜찮다 하며
마구 꺾으려는 손길 때문에

나의 상처는
가시가 되었습니다

오랜 세월 남모르게
내가 쏟은
하얀 피
하얀 눈물
한데 모여
향기가 되었다고

사랑은 원래
아픈 것이라고
당신이 내게 말하는 순간

나의 삶은
누구와도 바꿀 수 없는 축복으로
다시 태어났습니다

엉겅퀴의 기도

제가 필요한 곳이면
어디든지 가겠습니다
누구에게든지 가서
벗이 되겠습니다

참을성 있는 기다림과
절제 있는 다스림으로
가시 속에서도 꽃을 피워낸
큰 기쁨을 님께 드리겠습니다

불길을 지난 사랑 속에서만
물 같은 삶의 노래를 부를 수 있음을
내게 처음으로 가르쳐 준 당신

모든 걸 당신께 맡기면서도
때로는 불안했고
저 자신의 무게를 감당하기
어려울 때도 많았습니다

일상의 잔잔한 평화와

고운 질서를 거부하고 달아나고 싶던
저의 보랏빛 반란이
너무도 길었음을 용서하십시오

이젠 더 이상
진실을 거부하지 않겠습니다
허영심을 버리고
그대로의 제가 되겠습니다

당신이 원하시는 곳으로
저를 불러 주십시오
참회의 눈물을 흘린 후의
가장 겸허한 모습으로
모든 이를 사랑하게 하십시오

어떤 보물

세상에서 다 드러내놓고
말하지 못한
내 마음속의 언어들

깨고 나서
더러는 잊었지만
결코 잊고 싶지 않던
가장 선하고 아름다운 꿈들
모르는 이웃과도 웃으며
사랑의 집을 지었던
행복한 순간들

속으로 하얀 피 흘렸지만
끝까지 잘 견뎌내어
한 송이 꽃이 되고
열매로 익은 나의 고통들

살아서도 죽어서도
나의 보물이라
외치고 싶어

그리 무겁진 않으니까
하늘나라 여행에도
꼭 가져가고 싶어

해 질 무렵

해 질 무렵엔
우리 모두
조금 더 고요한 눈길로
하늘을 본다

지는 해를 안고
집으로 돌아가는 이들의
발걸음은 따뜻하다
가족을 다시 만나 건네는
정겨운 웃음 속에 깃드는
노을의 평화

아픈 것이 낫기를 바라지만
결코 나을 수가 없는
사랑하는 이를
언젠가 저 세상으로
보내야 하는 이들의
마음은 쓸쓸하다

안팎으로 눈물겨운
세상의 모든 슬픔들을
자기 것인 양 끌어안고
눈물 속에 기도하는 이들의
목소리는 순결하다

해 질 무렵엔
우리 모두
조금 더 겸손한 손길로
사랑의 손을 내민다

꿈 일기

생전에
그토록
주민등록증
건강보험증
통장을
보고 또 보며
열심히 챙기시던
나의 어머니

내가 아직
버리지 못한
어머니의 소장품을
그리움 속에
들여다보아서인가
아주 오랜만에
어머니가
꿈속에서 말씀하신다

'수녀
여긴 말이지

번호가 필요 없어
참 좋아
그냥 좋아
만날 때까지 안녕'

지상에서
외워야 할 번호들이
참 많은 나는
어머니의 나라를
부러워하다
잠이 깨었다

어머니의 기침 소리
그리운
아침의 평화

골목길에서

넓은 바다로 가기 위해
좁은 골목길을 걷다가
잠시 멈추어 섭니다

'애야, 그만 놀고
어서 들어와 밥 먹어야지'

해질녘에도
동무들과 노느라
집에 못 들어간 나를
애타게 부르시는
엄마의 목소리

바다에 가기도 전에
내 맘 속에 출렁이는
추억의 바다
더 넓어지는
푸른 하늘에
눈물이 핑 돕니다

'애야, 세상에서 그만 놀고
이젠 슬슬
내 집으로 올 준비를 하렴'

하늘나라 아버지가
나를 부르시는 그날까지
더 즐겁게 놀아야지
더 열심히 사랑해야지

그분의 정원에
조그만 채송화로
내가 더 예쁘게
피어서 앉을 때까지

꽃시간에게

알고 보니
당신은
꽃이었군요

기쁠 때도
슬플 때도
아플 때도

보이지 않게
나를
기다려 준 당신

일할 때
기도할 때
사람들을 만날 때

나와 함께 춤추며
웃어 주던 당신
때로는 나와 함께
울기도 한 당신

내가
숨을 쉴 적마다
싱싱하게 꽃 문을 열었듯이

내가
숨을 거두는 순간에는
가장 아름답게 꽃 문을
닫아 주소서

나를
보내는 이들도
한 송이의 꽃이 되도록

아픈 날의 일기

　　　1

몸이 아픈 날은
왜
꿈속에서도 아픈 걸까

내가 아픈 것 외에
왜
온 세상이 다 낯설어 보일까

아프더라도
남을 도와줄 수 있을 만큼만
아프게 해 주세요!
기도하며
내 어리석음을 탓하는데

하늘의 흰 구름도
꽃밭의 백일홍도
순하게 웃어주어
나는 행복했다

2

나의 몸이
나의 마음을
아프게 하네

나의 마음이
나의 몸을
아프게 하네

둘이서 하나인걸
알면서도
잊고 살았지

내가 잊고 있더라도
둘이서 좀
잘 지내지 그랬니?

따져도 따져도
그들은 말이 없네

이별 연습

이별을 연습하며 산다고
수도 없이 말했으나
사실은
연습도 하기 전에

이별은 갑자기 찾아와서
나를
꼼짝 못하게 하네

실컷 울지도 못하고
슬픔에 익숙하기도 전에
또 다른 이별이 찾아와
나를 힘들게 하는
그것이 삶의 모습일까

'만났다 헤어졌다
그것이 인생이야'

임종 전의 어머니가
시처럼 읊조리던 그 말을
되새기며 나에게 일러준다

이별 연습
따로 한다고 애쓰지 마
그냥 오늘 하루
욕심 없이
겸손하게 살 수 있다면
그것이 곧
이별 연습인 거라고

편지
— 떠난 이에게

당신이 눕던 침대에서
잠을 자고
당신이 쓰던 책상에서
글을 씁니다

당신이 기도하던 성당에서
기도를 하고
당신이 곱게 가꾸던
꽃밭에 날아온
흰나비와 인사합니다

당신이 즐겨 듣던 음악을
찾아서 듣고
당신이 좋아했던 그림을
다시 봅니다

당신이 좋아하는 나무들이
일제히 손 흔드는
숲길을 거닐다가
왈칵 쏟아지는 그리움에

걸음을 멈춥니다

어디에도 없지만
어디에나 있는 당신

당신이
세상을 떠난 이후
오랜 나날
흐르는 눈물만이
나의 기도입니다

그러나 이 눈물
갈수록
맑고 평온합니다

말로는 설명할 길 없는
슬픔 속의 평화는
당신이 내게 주신
마지막 선물인가요?

시간의 말

장미 꽃잎 속에 숨어있던
시간이 내게 말했다
부드럽게 부드럽게
향기를 피워 올리기 위해선
날카로운 가시의 고통이
꼭 필요했다고

호두껍질 속에 숨어있던
시간이 내게 말했다
단단하게 단단하게
익어가기 위해선
길고 긴 어둠의 고통이
꼭 필요했다고

파도 속에 숨어있던
시간이 내게 말했다
많이 울어야만
출렁일 수 있다고
힘찬 노래를 부를 수 있다고

그렇구나 그렇구나
고개 끄덕이며
시간 속으로
걸어가는
오늘의 기쁨이여

| 이 해 인 | 연 보 |

1945년 6월 7일 강원도 양구에서 이대영, 김순옥의 1남 3녀 중 셋째로 태어나, 3일 만에 세례를 받으며 가톨릭과 인연을 맺었다. 서울 청파동에 살 무렵(6세) 한국 전쟁발발, 9월에 부친이 납북되었다. 어릴 적부터 책읽기와 글쓰기를 좋아해 일찍부터 문학소녀가 되었으며 달리아 가득한 정원에서 함께했던 아버지의 다정한 눈빛을 잊지 못한다.

1952년 부산 피난시절 부산 성남초등학교에 입학.

1955년 수도생활에 영향을 준 언니 이인숙이 가르멜 수녀원에 입회.

1958년 서울 창경초등학교 졸업과 동시에 무시험으로 서울 풍문여중 입학. 중학교 때 특활반 문예반에 들어 임영무 선생님의 지도를 받고 삶에 영향을 주는 친구들을 사귀었다.

1960년 부산 가르멜 수녀원에 입회한 언니의 권유로 중3 때 학교를 동래여중으로 옮김. 프랑스 유학을 염두에 두고 한 학년 월반하기 위한 것이었으나 이행하지 않음.

1961년 2월 부산 동래여중 졸업.

1963년 5월 제2회 신라문화제 전국고등학교 백일장에서 시 장원.

1964년 2월 김천성의여고 졸업. 올리베따노 성 베네딕도 수녀회 입회(1964.3.27).

1968년 5월 23일 첫 서원.

1968년 5월~1970년 8월 서울 천주교 중앙협의회경리과에 시 첫 소임.

1968년 70년까지 가톨릭잡지 ≪소년≫지에 동시 「하늘」 「아침」 등으로 추천 완료.

1970년 8월~1975년 4월 필리핀 성베네딕도 수녀회가 운영하는 교리신학원과 벨기에 선교사제들이 운영하는 성루이스대학 영문과에서 수학 및 졸업.

1976년 2월 종신서원과 더불어 시인 홍윤숙 씨의 도움으로 첫 시집 『민들레의 영토』(가톨릭출판사) 출간.

1976년 78년까지 부산 성분도병원 근무.

1978년 82년까지 수녀회 본원 수련소에서 교양문학 강의.

1979년 9월 두 번째 시집 『내 혼에 불을 놓아』(분도출판사) 출간.

1983년 가을 세 번째 시집 『오늘은 내가 반달로 떠도』(분도출판사) 출간.

1982년 85년 서울 서강대학교 국문과 청강 및 대학원 종교학과 졸업.

1986년 4월 첫 산문집 『두레박』(분도출판사) 출간.

1988년 90년까지 제44차 세계성체대회 준비위원(신심분과)으로 서울명동으로 파견 근무.

1989년 11월 네 번째 시집 『시간의 얼굴』(분도출판사) 출간.

1990년 1992년까지 수녀회 60주년 준비위원장.

1992년 1997년까지 수녀회 총비서 역임[1997년 여름부터 원내에서 문서선교실 소임(해인글방)].

1992년 3월 동시집 『엄마와 분꽃』(분도출판사) 출간.

1993년 5월 은경축(수도서원25주년 기념)으로 기도시선집 『사계절의 기도』(분도출판사) 출간.

1994년 10월 산문집 『꽃삽』(샘터) 출간.

1994년 12월 인도 콜코타사랑의선교회에서 마더 테레사와 인터뷰, 타고르의 유적지 탐방(12월 4일~16일).

1997년 3월 산문집 『사랑할 땐 별이 되고』(샘터) 출간.

1997년 6월 가톨릭신문사 미주지사 초청으로 LA 교민들 위한 특강과 유럽 성지순례(약 한 달간).

1999년 11월 다섯 번째 시집 『외딴 마을의 빈집이 되고 싶다』(열림원), 여섯 번째 시집 『다른 옷은 입을 수가 없네』(열림원) 간행.

1998년 2002년까지 부산 신라대학과 가톨릭대학 지산 교정에서 '생활 속의 시와 영성' 강의.

2002년 11월 일곱 번째 시집 『작은 위로』(열림원) 출간.

2002년 4월 산문집 『향기로 말을 거는 꽃처럼』(샘터) 출간.

2004년 6월 산문집 『기쁨이 열리는 창』(마음산책) 출간.

2004년 8월 꽃시집 『꽃은 흩어지고 그리움은 모이고』(분도) 출간.

2006년 10월 산문집 『풀꽃단상』(분도) 출간.

2005년 5월 시낭송음반 <해바라기연가>(분도) 출판.

2005년 10월 영한대조시집 『눈꽃아가』(열림원) 출간.

2006년 10월 산문집 『사랑은 외로운 투쟁』(마음산책) 출간.

2007년 9월 8일 어머니 김순옥 여사 별세.

2008년 3월 시집 『작은 기쁨』(열림원) 출간.

2008년 7월 14일 직장암 수술 이후 투병 중.

2008월 8월 사모곡시집 『엄마』(샘터) 출간.

2010년 1월 병상시집 『희망은 깨어있네』(마음산책) 출간.

2011년 4월 산문집 『꽃이 지고 나면 잎이 보이듯이』(샘터) 출간.

2011년 9월 기도시선집 『작은 기도』(열림원) 출간.

2012년 6월 동시낭송집 『엄마와 분꽃』(분도) 출간.

2011년 8월 가톨릭문인들과 이스라엘 성지순례(8월 11~18일).

2012년 6월 이해인의 시 18편으로 만든 연가곡집 『편지』 가곡집(작곡: 박경규 노래: 바리톤 송기창).

[번역서]

마더 테레사. 앤소니 스턴 『모든 것은 기도에서 시작됩니다』 (1999, 황금가지)

마더 테레사의 『아름다운 선물』(2001, 샘터)

스태니슬라우스의 『영혼의 정원』(2003, 열림원)

교황 요한 바오로2세의 『우리는 아무도 혼자가 아닙니다』 (2003, 황금가지)

데레사 로즈 맥기의 『마지막 선물』(2003, 보보스)

틱낫한 스님의 『마음속의 샘물』(2004, 계림북스쿨)

마법의 유리구두(2005,분도)

신디위 마고나의 『우리가족 최고의 식사』(2008, 샘터)

[논문]

「김소월과 에밀리 디킨슨의 자연시 비교연구」(1975, 필리핀 바기오 성루이스대학) 지도교수: 빌마 델 프라도

「시경에 나타난 복사상 연구」(1985, 서강대학교 대학원 종교학과) 지도교수: 김승혜 교수

[수상]

1981 제9회 새싹문학상

1985 제2회 여성동아대상

1998 제6회 부산여성문학상

2002 자랑스런 서강인상

2004 울림예술대상 가곡작시상

2006 천상병 시문학상

〖한국대표명시선100〗을 펴내며

한국 현대시 100년의 금자탑은 장엄하다. 오랜 역사와 더불어 꽃피워온 얼·말·글의 새벽을 열었고 외세의 침략으로 역경과 수난 속에서도 모국어의 활화산은 더욱 불길을 뿜어 세계문학 속에 한국시의 참모습을 드러내게 되었다.

이 나라는 글의 나라였고 이 겨레는 시의 겨레였다. 글로 사직을 지키고 시로 살림하며 노래로 산과 물을 감싸왔다. 오늘 높아져 가는 겨레의 위상과 자존의 바탕에도 모국어의 위대한 용암이 들끓고 있음이다.

이제 우리는 이 땅의 시인들이 척박한 시대를 피땀으로 경작해온 풍성한 시의 수확을 먼 미래의 자손들에게까지 누리고 살 양식으로 공급하는 곳간을 여는 일에 나서야 할 때임을 깨닫고 서두르는 것이다.

일찍이 만해는 「님의 침묵」으로 빼앗긴 나라를 되찾고 잃어가는 민족정신을 일으켜 세우는 밑거름으로 삼았으며 그 기름의 뜻은 높은 뫼로 솟아오르고 너른 바다로 뻗어 나가고 있다.

만해가 시를 최초로 활자화한 것은 옥중시 「무궁화를 심고자」(《개벽》 27호 1922. 9)였다. 만해사상실천선양회는 그 아흔 돌을 맞아 만해의 시정신을 기리는 일의 하나로 '한국대표명시선100'을 펴내게 된 것이다.

이로써 시인들은 더욱 붓을 가다듬어 후세에 길이 남을 명편들을 낳는 일에 나서게 될 것이고, 이 겨레는 이 크나큰 모국어의 축복을 길이 가슴에 새겨나갈 것이다.

만해사상실천선양회

한국대표명시선100 | 이 해 인

나를 키우는 말

1판1쇄 발행　2013년 2월 15일
1판10쇄 발행　2025년 7월 15일

지　은　이　이해인
뽑　은　이　만해사상실천선양회
펴　낸　이　이창섭
펴　낸　곳　시인생각
등 록 번 호　제2012-000007호(2012.7.6)
주　　　소　경기도 고양시 일산동구 호수로688. A-419호
　　　　　　㉾10364
전　　　화　050-5552-2222
팩　　　스　(031)812-5121
이　메　일　lkb4000@hanmail.net

값 6,000원

ⓒ 이해인, 2013

ISBN　978-89-98047-21-4　03810

* 저자와의 협의에 의하여 인지를 생략합니다.
* 이 책의 저작권은 저자와 시인생각에 있습니다.
* 잘못된 책은 책을 구입하신 서점에서 교환하여 드립니다.

※ 이 책은 만해사상실천선양회의 지원으로 간행되었습니다.